Tina Stümpfig

Jin Shin Jyutsu – Heilende Hände

AF628713

vianova

Verlag Via Nova

Tina Stümpfig

JIN SHIN JYUTSU

HEILENDE HÄNDE

Selbsthilfe für Kinder und Jugendliche

vianova
Verlag Via Nova

Ein Wort an die Leser und Leserinnen:
Dieses Buch soll dem Leser eine Hilfe zur Selbsthilfe geben. Es vermittelt eine Vielzahl sorgfältig recherchierter und erarbeiteter Informationen, Übungen und Techniken. Eine Garantie kann jedoch nicht übernommen werden. Die in diesem Buch enthaltenen Informationen und Empfehlungen stellen keinen Ersatz für eine ärztliche, psychiatrische oder psychotherapeutische Behandlung vor Ort dar. Jede Anwendung der auf den folgenden Seiten dargestellten Übungen und Empfehlungen erfolgt im alleinigen Ermessen und der alleinigen Verantwortung des Lesers. Weder die Autorin noch der Verlag haften für etwaige Schäden, die vermeintlich direkt oder indirekt aus der Anwendung der im vorliegenden Buch enthaltenen Informationen entstanden sind.

---

3. überarbeitete Auflage 2021
Titel der ersten zwei Auflagen: Meine Hände helfen und heilen
Verlag Via Nova, Alte Landstr. 12, 36100 Petersberg
Telefon: (06 61) 6 29 73
Fax: (06 61) 96 79 560
E-Mail: info@verlag-vianova.de
Internet: www.verlag-vianova.de

Umschlaggestaltung: Guter Punkt, München
Satz: Sebastian Carl, Amerang
Druck und Verarbeitung: Appel und Klinger, 96277 Schneckenlohe

© Alle Rechte vorbehalten

ISBN 978-3-86616-511-3

Inhaltsverzeichnis

Vorwort ... 9
Was bedeutet Jin Shin Jyutsu? ... 11
Jiro Murai – der Wiederentdecker des Jin Shin Jyutsu ... 12
Jin Shin Jyutsu ist … ... 14
Deine Hände als Starthilfekabel ... 15
Zum Aufbau des Buches ... 17
Das ist wichtig beim Strömen ... 18

Regelmäßiger Batteriecheck ... 19
Die große Umarmung und die 36 bewussten Atemzüge ... 20
Finger halten ... 22
Der Zentralstrom ... 29

Hilfe für meine Gefühle von A bis Z ... 37
Albträume ... 38
Ängste ... 39
Ärger – Wut ... 41
Bettnässen ... 42
Eifersucht – Neid ... 44
Liebeskummer ... 45
Rachegefühle ... 46
Schock – Schrecken ... 47
Sorge ... 49
Stimmungsschwankungen ... 50
Stress ... 51
Suchtverhalten ... 52
Trauer – Traurigkeit ... 54
Unzufriedenheit ... 55
Verzweiflung ... 56

Hilfe für meinen Körper von A bis Z 57
Allergien 58
Asthma 60
Augenprobleme 62
Bauchschmerzen 64
Blutungen 67
Daumenlutschen 68
Durchfall 69
Einschlafen 71
Erkältung 72
Fieber 74
Frieren 75
Halsschmerzen 76
Hautprobleme 78
Husten 81
Insektenstiche 83
Knochenbrüche 84
Kopfschmerzen 85
Migräne 86
Nasenverstopfung oder Nasenbluten 87
Ohrenschmerzen 89
Rückenprobleme 90
Schmerzen 93
Schnupfen 95
Schwindel 97
Sonnenbrand 98
Übelkeit 99
Verbrennungen 101
Verschlucken 102
Verstauchung 103
Verstopfung 104
Völlegefühl 105
Zahnschmerzen 106

Hilfe für die Schule von A bis Z **109**
Anfänge 110
Ängste vor Prüfungen 111
Ärger mit Lehrern oder Mitschülern 113
Konzentrationsprobleme/Lernen 114
Legasthenie 115
Logisches Denken 117
Stottern und andere Sprachprobleme 118
Überaktivität – Unruhe 120

Register/Stichwortverzeichnis 122
Dank 124
Informationen 124

Vorwort

Mit diesem Buch bekommst du ein wunderbares und sehr einfaches Werkzeug an die Hand, um dir in allen Lebenslagen immer wieder selbst zu helfen. Indem du deine Hände auf bestimmte Punkte am Körper legst, kannst du deine Selbstheilungskräfte aktivieren, deine Stimmung verbessern, neue Kraft und neuen Mut schöpfen und deine Freude stärken.

Du bekommst Hilfe beispielsweise bei verschiedenen Krankheiten, bei Schulproblemen oder bei Ängsten durch eine einfache Selbstheilungskunst, die Jin Shin Jyutsu genannt (und „Dschinn Schinn Dschiutsu" ausgesprochen) wird. Jin Shin Jyutsu ist japanisch, weil es ein Japaner war, der diese sehr alte Heilmethode oder Harmonisierungskunst wiederentdeckt und aufgeschrieben hat. Es ist ein altes Menschheitswissen, von dem man sagt, dass es schon vor vielen hundert Jahren überall auf der Welt verbreitet war und mündlich von Generation zu Generation weitergegeben wurde, bis es irgendwann in Vergessenheit geriet. Es ist ein Wissen, das wir Menschen sogar von Natur aus in uns tragen und immer wieder intuitiv und unbewusst anwenden. Ein Wissen, das jedem von uns innewohnt. Ganz automatisch legen wir bei Beschwerden unsere Hände oft auf bestimmte Körperstellen, um uns zu harmonisieren, ohne dass es uns bewusst ist. Kinder sitzen in der Schule zum Beispiel oft auf ihren Händen, denn das hilft ihnen, sich besser zu konzentrieren, aufmerksamer zuzuhören und sich den Lernstoff besser zu merken. Wenn wir nachdenken, stützen wir oft unseren Kopf in die Hände, und die Punkte an der Stirn, die wir dabei berühren, helfen uns, uns an Dinge zu erinnern.

Je mehr du dich mit Jin Shin Jyutsu befasst, umso mehr wird dir vielleicht auffallen, wie oft du scheinbar zufällig deine Hände auf bestimmte Stellen am Körper legst, weil es automatisch beruhigend, stärkend, und auch heilend wirkt.

Mit diesem Buch bekommst du Hilfe bei körperlichen Themen, für deine Gefühle und wenn du Probleme in der Schule hast. Es wird genau beschrieben, auf welche Punkte am Körper du deine Hände bei den verschiedenen Beschwerden legen kannst, um dich selbst wieder zu harmonisieren. Dank der vielen Fotos und der genauen Beschreibungen kannst du diese Punkte gar nicht verfehlen.

Probiere es aus, erlebe die Kraft des Jin Shin Jyutsu! Du kannst nichts falsch machen!

Was bedeutet Jin Shin Jyutsu?

Jin: wissender, mitfühlender Mensch
Shin: Schöpfer
Jyutsu: Kunst

Es bedeutet also:

- die Kunst des Schöpfers für den mitfühlenden Menschen
- die Kunst des Schöpfers für mich persönlich

Jin Shin Jyutsu ist die Kunst, dir in allen Lebenslagen selbst zu helfen, und zwar ganz einfach, indem du deine Hände auf bestimmte Punkte auf deinem Körper legst. Diese Punkte werden Energieschlösser genannt und sie werden durch das einfache Berühren sozusagen wieder aufgesperrt, damit neue Lebenskraft durch deinen Körper fließen kann. Dann fühlst du dich besser, kraftvoller, fröhlicher, mutiger, Angst löst sich auf, du kannst dich besser konzentrieren und auch dein Körper fühlt sich wieder gesünder und fitter an. Wie du das genau machst, werde ich dir in den nächsten Kapiteln erklären.

Jiro Murai – der Wiederentdecker des Jin Shin Jyutsu

Man erzählt sich, dass Jin Shin Jyutsu ein uraltes Wissen ist, das früher, vor vielen hundert oder vielleicht sogar schon vor vielen tausend Jahren überall auf der Welt verbreitet war. Die Menschen haben es mündlich immer weitergegeben, die Eltern an ihre Kinder und die Kinder dann später wieder an ihre Kinder. So wussten sie, wenn sie Beschwerden hatten, wenn ihnen etwas wehtat, sie krank, traurig oder wütend waren, dass es ihnen wieder besser ging, wenn sie bestimmte Punkte am Körper einfach so lange hielten, bis sie merkten, dass die Energie wieder frei hindurchfließen konnte. Leider geschah es mit der Zeit, dass dieses alte Wissen vergessen wurde.

Bis es schließlich der Japaner Jiro Murai wiederentdeckte.

Jiro Murai wurde 1886 in Taiseimura in Japan geboren. Sein Vater war Arzt, ebenso wie viele andere seiner Vorfahren. Jiro Murai sollte eigentlich auch Arzt werden, was er aber nicht wollte. Stattdessen studierte er die Seidenraupenzucht.

Er war ein sehr leichtsinniger junger Mann, der verrückte Sachen machte und beispielsweise an Esswettbewerben teilnahm. Er gewann damit sogar Geldpreise. Er probierte auch aus, wie es war, einige Wochen lang nur Fisch oder nur Reis zu essen. Doch dann wurde er im Alter von 26 Jahren sehr krank. So krank, dass auch die Ärzte ihm nicht mehr helfen konnten.

Aber Jiro Murai gab die Hoffnung nicht auf. Er beschäftigte sich mit alten Meistern, die durch Meditation Heilung und Erleuchtung erlangten, und dann bat er seine Familie, ihn auf eine abgelegene Berghütte zu bringen.

Dort wollte er allein sein und beten. Er war schon so schwach, dass er auf einer Trage auf den Berg gebracht werden musste. Er bat seine Familie, ihn sieben Tage lang in der Einsamkeit allein zu lassen und erst am achten Tag wiederzukommen und nach ihm zu sehen.

Jiro Murai blieb also allein zurück und begann zu meditieren und zu beten. Er probierte auch verschiedene Fingerhaltungen aus, die er von Buddha-Statuen kannte. Er legte die Hände auf verschiedene Punkte am Körper, dorthin, wo es sich gut anfühlte, einfach so, ohne zu wissen, was er tat. Dennoch ging es ihm immer schlechter. Er wusste, er würde bald sterben. Aber am siebten Tag war es ihm plötzlich, als würde er in einen heißen Ofen, in loderndes Feuer geworfen. Fast verlor er die Sinne, doch kurz bevor er ohnmächtig wurde, ließ das Gefühl der gewaltigen Hitze nach und er kam wieder zu sich. Er spürte eine starke innere Ruhe und tiefen Frieden. Er konnte sich wieder bewegen und wieder aufstehen. Zu seiner großen Überraschung war er geheilt. Als seine Familie am achten Tag kam, um nach ihm zu sehen, rechnete sie mit dem Schlimmsten und staunte nicht schlecht, als sie ihn gesund und munter vorfand.

Jiro Murai war für seine wundersame Heilung so dankbar, dass er schwor, herauszufinden, welche Kräfte dabei am Werk gewesen waren und sie möglich gemacht hatten. Er krempelte sein Leben völlig um. Er forschte in alten Schriften, durfte sogar in die kaiserliche Bibliothek und suchte nach früheren Aufzeichnungen. Er fand viele Texte über altes Heilwissen und probierte es an sich selbst aus. Er fühlte die Energieströme durch seinen Körper fließen. Er entdeckte Punkte am Körper, die eine sehr starke Energie haben, und bezeichnete sie als Energieschlösser, nachdem er beim Halten dieser Punkte festgestellt hatte, dass sie sehr kraftvoll wirken. Er fühlte sich stärker, fröhlicher, gesünder und insgesamt einfach besser. Dieses Wissen wollte er nun an die Menschen weitergeben.

Er nahm zwei Schüler bei sich auf, um sie dieses Wissen, das er Jin Shin Jyutsu nannte, zu lehren: den Japaner Kato Sensei und die Halbamerikanerin (und Halbjapanerin) Mary Burmeister. Kato Sensei gab Jin Shin Jyutsu in Japan weiter und Mary Burmeister brachte es mit in die USA, von wo aus sich dieses Wissen wieder über die ganze Welt verbreitete.

Jin Shin Jyutsu ist …

- die Kunst des Glücklichseins
- die Kunst der Langlebigkeit
- die Kunst der Güte
- die Kunst des Schöpfers für mich persönlich, für dich persönlich – für jeden Menschen
- die Kunst, mich selbst kennenzulernen
- die Kunst, mir selbst helfen zu lernen – in allen Lebenslagen

Deine Hände als Starthilfekabel

Alles, was du für Harmonie und Wohlgefühl – für deinen Körper, deine Gefühle, deinen Geist – brauchst, liegt in dir selbst.

Indem du deine Hände auf bestimmte Körperstellen legst, kannst du deine Lebensenergie wieder in Schwung und in Harmonie bringen. Deine Hände dienen dir dabei nur als „Starthilfekabel". Es geht also nur darum, sie auf die Energiepunkte zu legen. Deine Lebensenergie bekommt dadurch automatisch eine Starthilfe und beginnt wieder kraftvoll und gleichmäßig zu fließen. Das kannst du mit ein wenig Übung auch selbst als ein Pulsieren, Fließen oder Strömen spüren. Deswegen wird Jin Shin Jyutsu im Sprachgebrauch oft auch einfach als „Strömen" bezeichnet.

Die göttliche Energie – die Lebensenergie – fließt immer durch uns. Sie macht Leben erst möglich, bringt unser Herz zum Schlagen, lässt uns atmen, versorgt alle Organe und sorgt dafür, dass wir gesund und fit sind und uns entspannt und wohl fühlen. Durch Ärger und Stress, ungesunde Ernährung (z. B. zu viel Süßes), zu viel Fernsehen, Handy oder Computerspiele und zu wenig Bewegung im Freien schwächen wir unsere Lebensenergie und es kann zum Beispiel zu Unwohlsein und Erschöpfung oder auch zu Krankheiten, Konzentrationsschwäche, Frustration, Ängsten oder Sorgen kommen.

Indem du deine Hände als Starthilfekabel auf die jeweiligen Energiepunkte legst, kannst du deine Lebensbatterie immer wieder aufladen oder – besser ausgedrückt – deiner Lebensenergie eine Starthilfe geben, damit sie wieder frei und ungehindert durch dich fließen kann und du dich stark und gesund fühlst.

Beim Strömen lässt du deine Hände immer so lange auf den angegebenen Punkten, bis du dieses Pulsieren oder Strömen fühlst. Das dauert meist zwischen zwei und drei Minuten, manchmal auch etwas länger. Wenn du es anfangs nicht spüren kannst, mache dir keine Sorgen, denn die Lebensenergie kommt trotzdem in Schwung. Mit der Zeit wirst du die Energie immer leichter wahrnehmen, weil du dich dann darauf eingestimmt hast.

Zum Aufbau des Buches

Im Kapitel „Regelmäßiger Batteriecheck“ findest du drei Möglichkeiten beschrieben, wie du dich selbst insgesamt immer wieder in Harmonie bringen kannst: einfache Strömgriffe, die dir helfen, fröhlicher, entspannter, kraftvoller und gesünder zu sein.

Danach habe ich verschiedene Themen oder Symptome mit ganz speziellen Griffen für das jeweilige Thema aufgelistet. Sie sind in drei Hauptthemen untergliedert:

- Hilfe für meine Gefühle von A bis Z
- Hilfe für meinen Körper von A bis Z
- Hilfe für die Schule von A bis Z

Zu jedem Thema oder Symptom ist beschrieben, auf welche Stellen am Körper – also auf welche Energieschlösser – du deine Hände legen kannst, um dich selbst zu strömen. Mithilfe der Fotos kannst du die Punkte leicht finden. Halte sie so lange, wie es dir guttut oder bis du spürst, dass die Energie gleichmäßig und kraftvoll unter deinen Händen fließt. Wenn du die Energie nicht spüren kannst, halte einen Griff ungefähr 3 bis 10 Minuten. Wie du siehst, kannst du hier ganz flexibel sein. Höre einfach auf dein Gefühl.

Die Strömgriffe lassen sich auch bestimmten Fingern zuordnen. Wenn dir ein Griff also einmal zu unbequem ist, kannst du auch einfach nur den angegebenen Finger halten.

Am Ende des Buches findest du im Stichwortverzeichnis noch einmal alle Symptome und Themen in alphabetischer Reihenfolge aufgelistet und mit Seitenzahlen versehen. Das hilft dir beim Nachschlagen, wenn du etwas ganz Bestimmtes suchst.

Das ist wichtig beim Strömen

- Entspanne dich! Du musst nichts tun, dich nicht anstrengen. Im Gegenteil: Deine Hände liegen einfach nur auf deinem Körper und tun die „Arbeit" von selbst. Die Energie beginnt ganz von selbst von deinen Händen in die Punkte auf deinem Körper zu fließen. Die Energieschlösser werden sozusagen „aufgesperrt" und die Lebenskraft kann deinen Körper wieder durchströmen.
- Mache es dir gemütlich. Strömen kannst du im Liegen, im Sitzen und auch im Stehen.
- Es gibt kein Richtig oder Falsch. Du tust oder BIST einfach. Strömen ist immer an die Körperintelligenz gekoppelt und der Körper nimmt sich die Energie immer dort, wo er sie am dringendsten braucht. Du kannst nichts falsch machen!
- Wenn du dich unwohl fühlst oder wenn bestimmte Griffe dich stressen oder dir unangenehm sind, höre damit auf. Entspanne dich und wenn du magst, halte den jeweils zugehörigen Finger, der bei den einzelnen Symptomen ebenfalls angegeben ist.
- Halte die angegebenen Punkte oder Finger einfach locker mit den Händen oder Fingerspitzen, ganz wie du magst. Du musst nicht drücken!
- Du kannst beide Seiten oder nur eine Seite des Körpers strömen. Mache es einfach davon abhängig, wie viel Lust und Zeit du hast.
- Dieses Buch soll dir eine Hilfe sein, wenn es dir körperlich oder gefühlsmäßig nicht gut geht. **Trotzdem ist es natürlich ganz wichtig, auch mit deinen Eltern oder den Menschen, bei denen du lebst, über deine Probleme und Beschwerden zu sprechen!**

Regelmäßiger Batteriecheck

Wenn du dir regelmäßig etwas Gutes tun und deinem Körper helfen willst, die Lebensbatterie immer wieder neu aufzuladen, gibt es dafür verschiedene Möglichkeiten:

1. die große Umarmung und die 36 bewussten Atemzüge
2. Finger halten
3. den Zentralstrom

Die große Umarmung und die 36 bewussten Atemzüge

Dies ist eine ganz einfache Übung, die dir hilft, ruhig und entspannt zu werden, und die dich wieder ins Gleichgewicht bringt, wenn du unruhig, gestresst, wütend, ängstlich … bist.

- Gib dir selbst eine große Umarmung, wobei du deine Hände unter die Achseln legst. Die Daumen liegen auf der Brust und zeigen nach oben.
- Lasse deine Schultern fallen und entspanne dich, indem du einmal tief ein- und wieder ausatmest.
- Atme dann 36 Atemzüge, wobei du das Ausatmen zählst: eins – Ausatmen – Einatmen – zwei – Ausatmen – Einatmen – drei … bis du bei 36 angekommen bist.
- Du brauchst dich nicht anzustrengen. Lasse deinen Atem in seinem natürlichen Rhythmus kommen und gehen.

Mary Burmeister sagte: „Unser Einatem ist der Ausatem des Universums und unser Ausatem ist der Einatem des Universums."

Unser Atem ist unser Harmonisierer, unser Heiler und unser Ernährer. Das Leben atmet durch uns – mit jedem Atemzug.

Mit jedem bewussten Atemzug fließt Heilenergie durch deinen Körper bis in jede einzelne Zelle hinein.

Finger halten

Beim Strömen brauchst du dich um nichts zu bemühen. Entspanne dich, wenn möglich, oder sei einfach, wie du bist.

Die einfachste Art der Jin Shin Jyutsu-Selbsthilfe ist das Fingerhalten. Indem du deine Finger einzeln hältst, harmonisierst du deinen ganzen Körper, deine Gefühle und Gedanken. In den Fingern laufen bestimmte Energieströme, die mit den Organen, mit unserem Denken und mit unserem Fühlen verbunden sind.

Jeder Finger ist einem bestimmten Gefühl, einer bestimmten „Einstellung" zugeordnet, wie Mary Burmeister es ausdrückt.

Der Daumen steht für Sorge. Wenn du dir also Sorgen machst oder aufgeregt bist, halte einfach deinen Daumen.

Der Zeigefinger steht für Angst, der Mittelfinger für Wut und Ärger. Der Ringfinger steht für Traurigkeit und der kleine Finger für Anstrengung und Bemühung. Er hilft dir, loszulassen und zu entspannen.

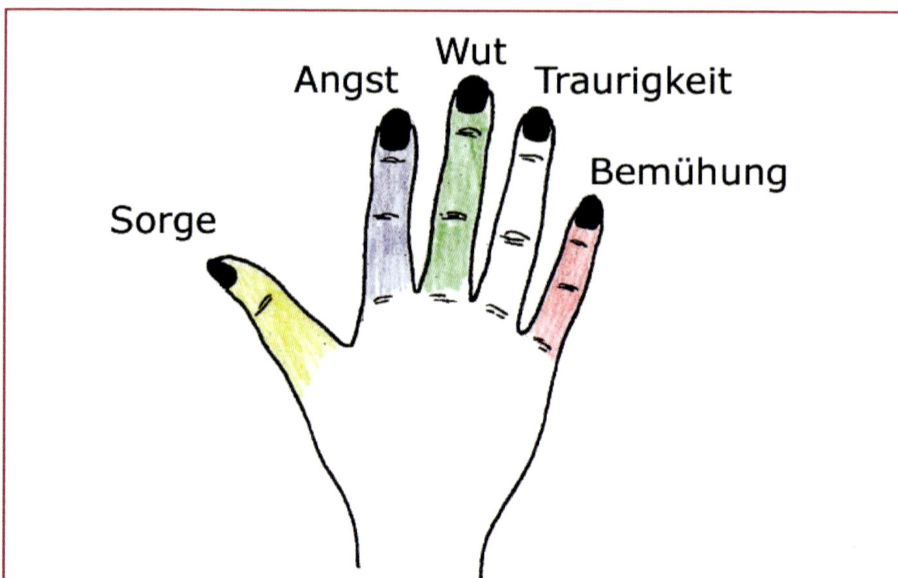

Welche Finger du halten möchtest und in welcher Reihenfolge du es tun möchtest, kannst du selbst entscheiden. Halte jeden Finger ungefähr zwei bis fünf Minuten oder so lange, bis du das Strömen oder Pulsieren spürst.

Du kannst auch einfach alle Finger hintereinander strömen, indem du mit dem Daumen der linken oder rechten Hand beginnst, danach den Zeigefinger, anschließend den Mittelfinger, als nächstes den Ringfinger und schließlich den kleinen Finger hältst. Wenn du magst, kannst du danach auch noch die Finger der anderen Hand halten.

Das Fingerhalten ist die einfachste Möglichkeit des Strömens, denn du kannst es immer und überall tun, sobald du deine Hände frei hast. Es ist eine einfache Möglichkeit, dir selbst zu helfen, um gesund, fröhlich, kraftvoll und zufrieden zu sein.

Meinen Daumen zu halten, hilft mir:

- wenn ich mir Sorgen mache
- wenn ich aufgeregt bin
- wenn ich gestresst bin
- wenn ich denke, „das schaffe ich nie“
- wenn ich mich allein und einsam fühle
- wenn ich schlimme Träume habe
- wenn ich schüchtern bin
- wenn ich Halsschmerzen habe
- wenn mir der Bauch wehtut
- wenn ich öfter krank bin
- wenn ich nicht gerne mit Menschen spreche
- wenn ich stottere

Meinen Zeigefinger zu halten, hilft mir:

- wenn ich Angst habe
- wenn ich mit den Zähnen knirsche
- wenn ich beim Zahnarzt bin
- wenn ich Schmerzen habe
- wenn mein Rücken wehtut
- wenn ich es oft nicht rechtzeitig zur Toilette schaffe
- wenn ich mich unsicher fühle
- wenn ich mutiger sein möchte

Meinen Mittelfinger zu halten, hilft mir:

- wenn ich wütend bin
- wenn ich mich ärgere
- wenn ich alles bestimmen will
- wenn ich schnell genervt bin
- wenn andere immer bestimmen, was ich tun soll
- wenn meine Knie wehtun
- wenn ich nicht gut sehen kann
- wenn meine Augen brennen

Meinen Ringfinger zu halten, hilft mir:

- wenn ich traurig bin
- wenn ich jammere
- wenn ich viel weinen muss
- wenn ich mich wieder freuen möchte
- wenn meine Stimme so leise ist, dass andere mich nicht verstehen
- wenn ich Blähungen habe
- wenn ich nicht gut Luft bekomme
- wenn ich Schwierigkeiten mit dem Atmen habe
- wenn ich renne oder mich körperlich anstrenge

(Ein kleiner Tipp: Probiere einmal aus, beim Kurz- oder Langstreckenlauf einen Ring aus Daumen und Ringfinger zu bilden, indem du den Daumen auf den Fingernagel des Ringfingers legst. Du wirst sehen, dass du plötzlich mehr Puste hast.)

Meinen kleinen Finger zu halten, hilft mir:

- zu lachen und mich zu freuen
- wenn mir alles zu stressig ist
- wenn alles so anstrengend ist
- mich besser zu konzentrieren
- wenn ich vergesslich bin
- einfach ich selbst zu sein, egal was andere denken
- wenn ich Angst habe, etwas falsch zu machen
- bei zu viel Perfektion
- wenn ich abends nicht einschlafen kann
- bei Ohrenschmerzen
- wenn mir „die Ohren zugehen“, wenn ich einen Druck auf den Ohren habe

Der Zentralstrom

Der Zentralstrom ist der Energiestrom, der uns direkt mit der universellen Energie, der göttlichen Energie, verbindet und der ununterbrochen durch uns fließt. Er versorgt uns mit der Lebensenergie und strömt unablässig an unserer Körpervorderseite hinunter und an der Körperrückseite wieder hinauf.

Man nennt ihn auch Hauptzentralstrom, weil er für alle Vorgänge im Körper die Energie liefert. Wir können diesem Strom helfen, kraftvoll und ungehindert durch uns zu strömen, indem wir bestimmte Energiepunkte immer wieder halten.

Die einzelnen Schritte werde ich nachfolgend beschreiben.

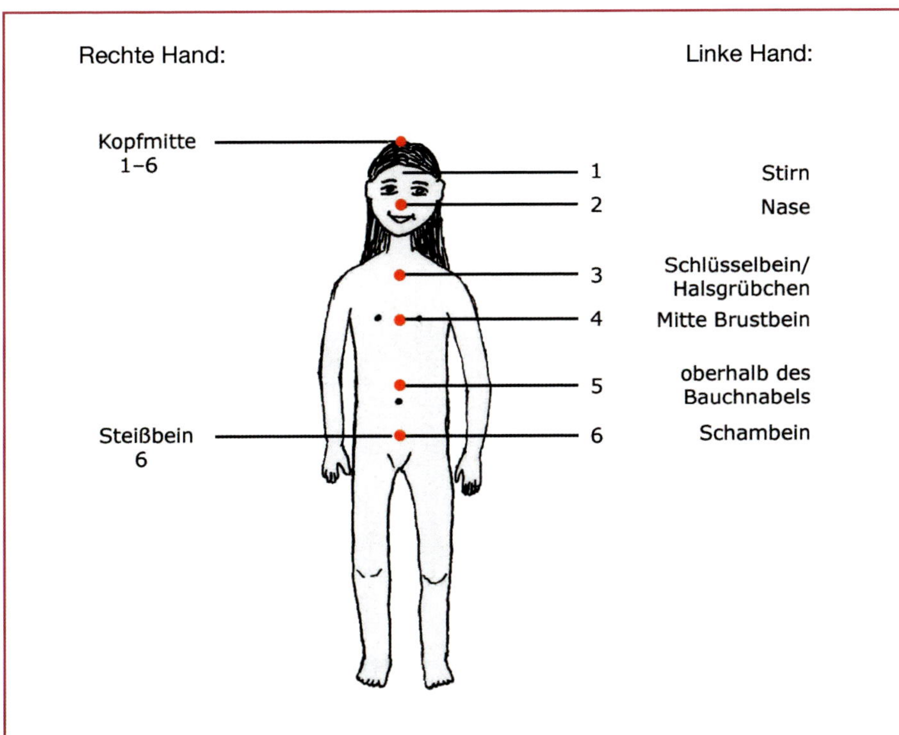

Am bequemsten ist es, wenn du dich bei diesem Strom auf den Rücken legst. Du kannst dich natürlich auch in jeder anderen Position strömen. Wichtig ist nur, dass du es bequem hast und dich entspannen kannst.

Auf der Zeichnung siehst du die einzelnen Punkte, die der Reihe nach gehalten werden. Halte auch hier jeden Griff, bis du spürst, dass die Energie gleichmäßig und kraftvoll pulsiert oder fließt. Wenn du die Energie nicht spüren kannst, halte jeden Griff einfach zwei bis fünf Minuten.

Die einzelnen Schritte/Griffe des Zentralstroms

1. Die rechte Hand liegt auf der Kopfmitte, die linke Hand liegt auf der Stirn (Punkt 1).

2. Die rechte Hand bleibt auf der Kopfmitte, die linke Hand geht zum Nasenrücken und zur Nasenspitze (Punkt 2).

3. Die rechte Hand bleibt auf der Kopfmitte, die linke Hand liegt am Halsgrübchen (Punkt 3).

4. Die rechte Hand bleibt auf der Kopfmitte, die linke Hand liegt auf der Mitte des Brustbeins (Punkt 4).

5. Die rechte Hand bleibt auf der Kopfmitte, die linke Hand liegt etwas oberhalb des Bauchnabels (Punkt 5).

6. Die rechte Hand bleibt auf der Kopfmitte, die linke Hand liegt auf dem Schambein (Punkt 6).

7. Lege nun die rechte Hand an das Steißbein, während die linke Hand auf dem Schambein bleibt.

Der Zentralstrom hilft dir:

- bei Ängsten
- bei Depressionen
- wenn du verzweifelt bist
- wenn etwas Schlimmes passiert ist
- wenn du nicht mehr weißt, wie es weitergehen soll
- geistig und körperlich zu wachsen
- wenn du dich schwach fühlst
- wenn du mehr Selbstvertrauen brauchst
- wenn du dich immer wieder erschöpft fühlst
- wenn du körperlich nicht fit bist

Der Zentralstrom bringt deine Gefühle, deine Gedanken und deinen Körper immer wieder ins Gleichgewicht.

Ich fasse kurz zusammen:

Du kannst dir selbst helfen und dich stärken, indem du:

- deine Finger hältst
- dir eine große Umarmung gibst und die 36 bewussten Atemzüge machst
- den Zentralstrom strömst

Hilfe für meine Gefühle von A bis Z

Albträume

Wenn du nachts immer wieder schlecht träumst oder wenn du Angst vor dem Einschlafen hast, halte abends im Bett einfach deinen Zeigefinger. Wie du weißt, hilft dir der Zeigefinger immer, wenn du Angst hast.

Du kannst auch die rechte Hand auf die linke Seite des Bauchs unterhalb des letzten Rippenbogens und die linke Hand in die rechte Ellenbeuge legen.

Wechsle anschließend die Seiten: Lege die linke Hand auf die rechte Bauchseite unterhalb des letzten Rippenbogens und die rechte Hand in die linke Ellenbeuge.

Ängste

Es gibt ja sehr unterschiedliche Ängste. Bei jeder Form von Angst kannst du natürlich deinen Zeigefinger halten. Es gibt aber auch noch andere Strömgriffe, mit denen du Ängste harmonisieren kannst.

Lege eine Hand in den Nacken direkt unterhalb der Schädelknochen und die andere Hand an das Steißbein.

Alternativ lege deine rechte Hand auf die linke Seite deines Rückens unterhalb der letzten Rippe und die linke Hand unter deinen linken Sitzhöcker.

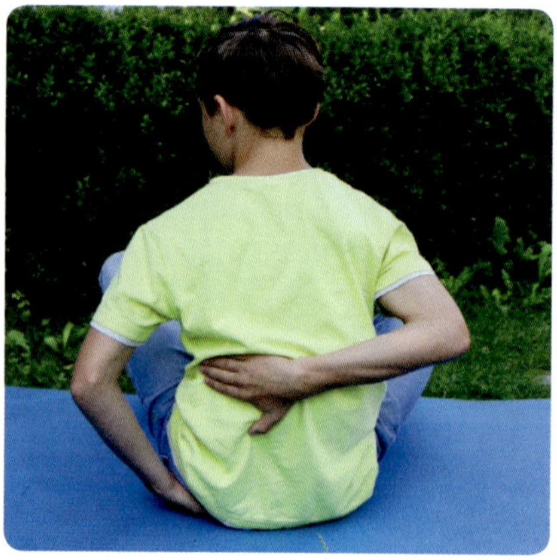

Wechsle anschließend die Seiten: Lege die linke Hand auf die rechte Seite des Rückens unterhalb der letzten Rippe und die rechte Hand unter den rechten Sitzhöcker.

Du kannst auch einfach deine Hände unter die Schlüsselbeine legen.

Ärger – Wut

Bei Wut und Ärger kannst du deinen Mittelfinger halten.

Alternativ lege deine Hände über Kreuz auf den Bauch, sodass sie unter den letzten Rippenbögen liegen.

Du kannst auch die rechte Hand auf die linke Schulter und die linke Hand in die linke Leiste legen.

Wechsle anschließend die Seiten: Lege die linke Hand auf die rechte Schulter und die rechte Hand in die rechte Leiste.

Bettnässen

Es kommt öfter vor, dass auch größere Kinder in der Nacht einmal aus Versehen ins Bett machen. Oft liegt es daran, dass Stress und Spannungen, die sich tagsüber aufbauen, im Schlaf losgelassen werden. Doch Bettnässen ist unangenehm und belastend. Um dich auf angenehmere Art von den Spannungen zu befreien, kannst du folgende Punkte halten:

Halte die Innenseiten deiner Ellenbogen (die Ellenbeugen).

Alternativ lege eine Hand in den Nacken, die andere Hand an das Steißbein.

Du kannst auch deine linke Hand auf die rechte Seite deines Rückens unterhalb der letzten Rippe legen und die rechte Hand unter deinen rechten Sitzhöcker.

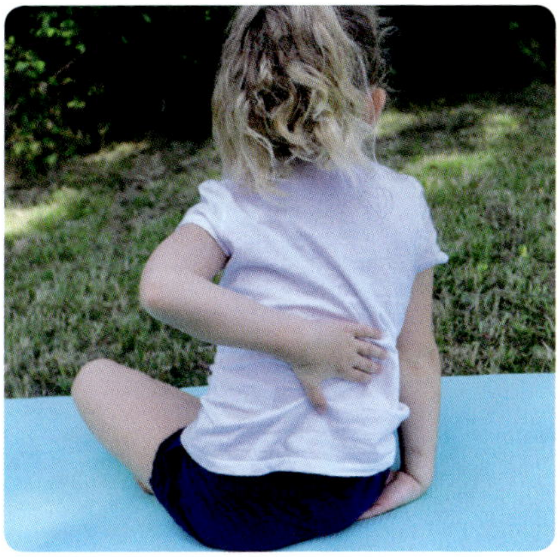

Wechsle anschließend die Seiten: Lege die rechte Hand auf die linke Seite des Rückens unterhalb der letzten Rippe und die linke Hand unter den linken Sitzhöcker.

Zugehöriger Finger: Zeigefinger

Eifersucht – Neid

Immer wieder einmal werden wir, ohne es zu wollen, von Eifersucht und Neid geplagt. Das kann sehr belastend sein. Da du selbst der einzige Mensch bist, bei dem du etwas verändern kannst, kannst du auch hier deine eigenen Gefühle harmonisieren, um wieder zu Gelassenheit und Lebensfreude zu kommen.

Lege die rechte Hand auf die linke Seite des Bauchs unterhalb des letzten Rippenbogens und die linke Hand auf die rechte Brustseite.

Wechsle anschließend die Seiten: Lege die linke Hand auf die rechte Bauchseite unterhalb des letzten Rippenbogens und die rechte Hand auf die linke Seite der Brust.

Zugehöriger Finger: Zeigefinger, Mittelfinger

Liebeskummer

Dein Ringfinger hilft dir, wenn du traurig bist. Deshalb denke bei Kummer, Verzweiflung und Traurigkeit daran, deinen Ringfinger zu halten.

Du kannst auch deine rechte Hand in die Mitte der Brust auf das Brustbein legen und die linke Hand an das Steißbein.

Rachegefühle

Jemand hat dich verletzt. Du bist wütend. Du willst Rache. Diese Gefühle schaden dir selbst mehr als den Menschen, auf die du wütend bist. Halte schnell deinen Mittelfinger, denn er löst die erste Wut und beruhigt dich.

Du kannst dir auch helfen, aus deiner Wut herauszukommen, die Dinge klarer zu sehen und gut zu reagieren, indem du folgende Punkte hältst.

Lege eine Hand in den Nacken und die andere Hand an das Steißbein.

Alternativ halte mit der linken Hand deine rechte Fußaußenkante und lege die rechte Hand unter deine linke Achsel.

Wechsle anschließend die Seiten: Lege die rechte Hand an die linke Fußaußenkante und die linke Hand unter die rechte Achsel.

Zugehöriger Finger: Mittelfinger

Schock – Schrecken

Wenn dich etwas erschreckt hat und dein Herz laut klopft, lege eine Hand in den Nacken und die andere Hand in der Mitte der Brust auf das Brustbein.

Wenn du dich vor Schreck wie gelähmt fühlst, halte die Innenseiten deiner Knie über Kreuz.

Wenn es für dich entspannt ist, kannst du auch deine großen Zehen halten.

Sorge

Wenn du dir Sorgen machst, denke zuerst an deinen Daumen, denn er ist dafür dein schneller Helfer.

Alternativ lege deine Hände über Kreuz unter deine Schlüsselbeine.

Stimmungsschwankungen

„Himmelhoch jauchzend – zu Tode betrübt.“ Diese Stimmungsschwankungen kennt fast jeder.

Um dich selbst wieder zu harmonisieren, lege die linke Hand auf die rechte Seite des Bauchs unterhalb des letzten Rippenbogens und die rechte Hand auf die linke Brustseite.

Wechsle anschließend die Seiten: Lege die rechte Hand auf die linke Bauchseite unterhalb des letzten Rippenbogens und die linke Hand auf die rechte Seite der Brust.

Alternativ lege die linke Hand unter deinen rechten Wangenknochen und die rechte Hand an die Innenseite deines linken Oberschenkels.

Wechsle anschließend die Seiten: Lege die rechte Hand unter den linken Wangenknochen und die linke Hand an die Innenseite des rechten Oberschenkels.

Stress

Wenn du dich gestresst fühlst, setze dich nach Möglichkeit an einen ruhigen Ort, nimm dir Zeit für dich selbst und halte in Ruhe der Reihe nach alle deine Finger.

Du kannst auch deine Handgelenke …

… oder deinen Daumenballen halten.

Suchtverhalten

Auch schon als Kind oder Jugendlicher kann man ein Thema mit Süchten haben: Sucht nach Süßem, nach „Gefallenwollen“, nach Computerspielen, Zocken, Fernsehen oder dem Handy, das du nicht einmal für einige Zeit einfach entspannt weglegen kannst.

Vielleicht gibt es auch bereits ein Thema mit Rauchen, Alkohol oder anderen Drogen. Sucht hat immer etwas mit „Suche“ zu tun. Wir suchen etwas, das uns wirklich erfüllt, das uns hilft, uns wohl, geborgen, entspannt und „angekommen“ zu fühlen. Und wir sind immer wieder auf der Suche nach uns selbst. Wer bin ich wirklich? Wenn ich einfach bin, wie ich bin, bin ich dann in Ordnung? Was will ich wirklich? Was erfüllt mich mit tiefer Freude und wirklicher Zufriedenheit? Was ist der Sinn meines Lebens? Auch schon bei Kindern – und spätestens bei Jugendlichen – tauchen diese Fragen auf. Und finden wir keine Antwort darauf, landen wir vielleicht in einer Sucht, sozusagen einer „Ersatzhandlung“. Sucht – Suche: Wir sind auf der Suche und lenken uns ab. Was kann uns helfen?

Halte auf jeden Fall immer wieder deinen Daumen!

Alternativ lege deine Hände auf den Rücken unterhalb der letzten Rippen.

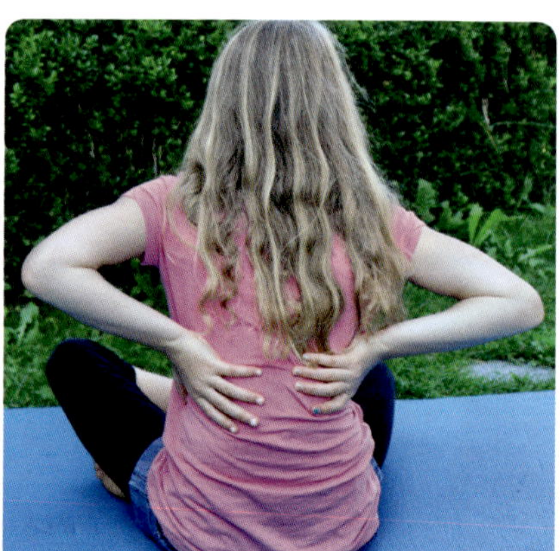

Du kannst auch die rechte Hand auf die linke Seite des Bauchs unterhalb des letzten Rippenbogens legen und die linke Hand auf die rechte Brustseite.

Wechsle anschließend die Seiten: Lege die linke Hand auf die rechte Bauchseite unterhalb des letzten Rippenbogens und die rechte Hand auf die linke Seite der Brust.

Trauer – Traurigkeit

Bei Traurigkeit hilft dir dein Ringfinger.

Du kannst auch deine rechte Hand unter das linke Schlüsselbein legen und die linke Hand in die linke Leiste.

Wechsle anschließend die Seiten: Lege die linke Hand unter das rechte Schlüsselbein und die rechte Hand in die rechte Leiste.

Alternativ lege deine linke Hand unter das linke Schlüsselbein und die rechte Hand auf die linke Seite des Bauchs unterhalb des letzten Rippenbogens.

Wechsle anschließend wieder die Seiten: Lege die rechte Hand unter das rechte Schlüsselbein und die linke Hand auf die rechte Seite des Bauchs unterhalb des letzten Rippenbogens.

Unzufriedenheit

Wie oft sind wir unzufrieden – mit uns selbst, mit den Eltern, mit Freunden oder auch mit bestimmten Situationen.

Du kannst dich selbst unterstützen, um wieder zufriedener und ausgeglichener zu werden, indem du die Außenseite deiner Kniekehlen hältst.

Alternativ halte einfach deinen Ringfinger.

Verzweiflung

Als erste Hilfe bei Verzweiflung halte deinen kleinen Finger oder gib dir selbst eine große Umarmung, indem du wie bei den 36 Atemzügen deine Hände unter die Achseln legst. Die Daumen liegen dabei vorne auf der Brust und zeigen nach oben (siehe Seite 20).

Alternativ lege die linke Hand auf die rechte Seite des Bauchs unterhalb des letzten Rippenbogens und die rechte Hand in die linke Ellenbeuge.

Wechsle anschließend die Seiten: Lege die rechte Hand auf die linke Seite des Bauchs unterhalb des letzten Rippenbogens und die linke Hand in die rechte Ellenbeuge.

Du kannst deine Hände auch auf den unteren Rücken oberhalb der Hüftknochen legen.

Hilfe für meinen Körper von A bis Z

Allergien

Viele Menschen leiden unter Allergien und das ganze Thema ist so vielschichtig, dass es im Grunde kein „Wundermittel“ für die unterschiedlichen Allergien gibt. Wichtig ist auf jeden Fall, das Immunsystem zu stärken, sodass es gut mit allem umgehen kann und nicht „Stoffe“ bekämpft, die es nicht bekämpfen sollte.

Um dein Immunsystem zu unterstützen, lege die rechte Hand auf deine linke Schulter, sodass deine Fingerspitzen zwischen der oberen Ecke des Schulterblatts und der Wirbelsäule liegen, und die linke Hand in die linke Leiste.

Wechsle anschließend die Seiten: Lege die linke Hand auf die rechte Schulter und die rechte Hand in die rechte Leiste.

Du kannst auch die Innenseiten deiner Knie über Kreuz …

… oder deine Ellenbeugen halten.

Zugehöriger Finger: Daumen

Asthma

Wenn du an Atemnot oder Asthma leidest, lege immer wieder die linke Hand unter das linke Schlüsselbein und die rechte Hand auf die linke Seite des Bauchs unterhalb des letzten Rippenbogens.

Wechsle anschließend die Seiten: Lege die rechte Hand unter das rechte Schlüsselbein und die linke Hand auf die rechte Seite des Bauchs unterhalb des letzten Rippenbogens.

Alternativ lege die linke Hand an die Außenseite des rechten Oberarms und die rechte Hand an die Innenseite des linken Oberschenkels.

Wechsle anschließend wieder die Seiten: Lege die rechte Hand an die Außenseite des linken Oberarms und die linke Hand an die Innenseite des rechten Oberschenkels.

Zugehöriger Finger: Ringfinger

Augenprobleme

Bei den verschiedensten Augenproblemen (z. B. Entzündungen, Sehschwäche, Schielen) kannst du deine Augen mit folgenden Griffen stärken.

Lege eine Hand auf die Stirn und die andere Hand in den Nacken unterhalb der Schädelknochen.

Alternativ lege eine Hand auf der Seite des betroffenen Auges auf die Stirn und die andere Hand unter die Achsel auf der gegenüberliegenden Körperseite.

Bei einem Gerstenkorn lege eine Hand leicht auf oder leicht über das betroffene Auge und die andere Hand an die Außenseite der Ferse auf der gegenüberliegenden Körperseite.

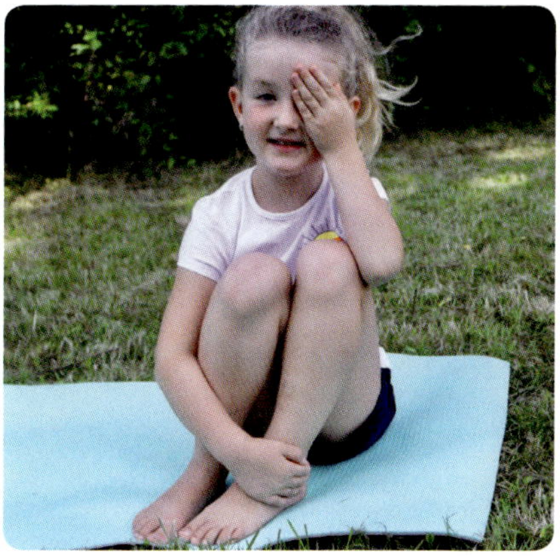

Zugehöriger Finger: Mittelfinger

Bauchschmerzen

Um deine Verdauung gesund und stark zu erhalten, ist es wichtig, dass du gute, frische und gesunde Nahrung zu dir nimmst: eine gute Mischung von Obst und Gemüse, Getreide und Hülsenfrüchten, und falls du Fleisch isst, sollte es nicht zu viel sein. Zucker, zu viel Fett und Fertigprodukte belasten deinen Körper eher und können zu Übersäuerung und Verdauungsproblemen führen.

Um Bauchschmerzen zu lindern, kannst du deine Hände über Kreuz auf den Bauch unterhalb der letzten Rippenbögen legen.

Wenn du das als unbequem empfindest, kannst du deine Hände auch auf den Bauch unterhalb der Rippenbögen legen, ohne sie zu überkreuzen.

Alternativ kannst du die Innenseiten deiner Knie halten.

Du kannst diese beiden Punkte auch kombinieren, indem du die linke Hand auf die rechte Seite deines Bauchs unterhalb des letzten Rippenbogens und die rechte Hand an die Innenseite des linken Knies legst.

Wechsle anschließend die Seiten: Lege die rechte Hand auf die linke Seite des Bauchs unterhalb des letzten Rippenbogens und die linke Hand an die Innenseite des rechten Knies.

Zugehöriger Finger: Daumen

Blutungen

Eine ganz einfache Hilfe bei blutenden Wunden ist, die rechte Hand auf die Wunde zu legen und die linke Hand auf die rechte Hand.

Wenn du mit deinen Freunden zusammen bist, könnt ihr auch einen „Händeberg“ bilden: Dann legt der erste Freund seine rechte Hand auf deine linke Hand und seine linke Hand auf seine rechte Hand und die anderen Freunde machen es genauso.

Daumenlutschen

Daumenlutschen tun nur Babys, denken viele. Doch das stimmt nicht immer. Eine gute Freundin von mir war längst erwachsen und litt sehr darunter, dass sie abends, sobald sie im Bett lag, immer noch automatisch an ihrem Daumen lutschte. Interessant daran ist, dass auch das Daumenlutschen harmonisiert, doch es ist sicher besser, den Daumen einfach zu halten, statt daran zu lutschen.

Alternativ kannst du dir auch eine große Umarmung geben und die 36 Atemzüge machen, wie es auf Seite 20 beschrieben steht.

Durchfall

Wenn du Durchfall hast, achte sehr auf deine Ernährung. Meide Zucker und Fertigprodukte und nimm schonende, gesunde Nahrung zu dir.

Du kannst dir selbst helfen, indem du die Außenseiten deiner Kniekehlen hältst.

Alternativ lege die rechte Hand auf die linke Schulter und die linke Hand auf die linke Seite deines unteren Rückens direkt oberhalb des Hüftknochens.

Wechsle anschließend die Seiten: Lege die linke Hand auf die rechte Schulter und die rechte Hand auf die rechte Seite des Rückens oberhalb des Hüftknochens.

Zugehöriger Finger: Ringfinger

Einschlafen

Wenn du abends im Bett nicht einschlafen kannst, lege deine Hände in den Nacken unterhalb der Schädelknochen.

Alternativ halte deinen Daumenballen.

Wenn du häufig Schlafprobleme hast, ströme öfter den auf Seite 29 beschriebenen Zentralstrom.

Erkältung

Wenn du spürst, dass eine Erkältung im Anmarsch ist, lege die rechte Hand so auf deine linke Schulter, dass die Fingerspitzen zwischen der oberen Ecke des Schulterblatts und der Wirbelsäule liegen. Mit der linken Hand bilde einen Ring, indem du den Daumen zuerst auf den Zeigefingernagel, dann auf den Mittelfinger, dann auf den Ringfinger und schließlich auf den kleinen Finger legst.

Wechsle anschließend die Seiten: Lege die linke Hand so auf die rechte Schulter, dass die Fingerspitzen zwischen der oberen Ecke des Schulterblatts und der Wirbelsäule liegen, und bilde mit der rechten Hand einen Ring, indem du den Daumen zuerst auf den Zeigefingernagel, dann auf den Mittelfinger, dann auf den Ringfinger und schließlich auf den kleinen Finger legst.

Statt die Ringe zu bilden, kannst du die jeweilige Hand auch in die Leiste legen.

Fieber

Fieber kann sehr anstrengend und kräfteraubend sein. Du kannst deinen Körper unterstützen, indem du die gleichen Punkte hältst, wie ich sie beim Thema Erkältung beschrieben habe.

Außerdem gibt es die Jin Shin Jyutsu-Wadenwickelvariante: Halte einfach deine Waden (oder lasse sie dir halten).

Frieren

Wenn du frierst, bilde mit jeder Hand einen Ring zwischen Daumen und Zeigefinger, indem du den Daumen auf den Zeigefingernagel legst.

Alternativ halte die Außenseiten deiner Kniekehlen.

Halsschmerzen

Bei Halsschmerzen kannst du die rechte Hand unter deinen linken Wangenknochen legen und die linke Hand unter das linke Schlüsselbein.

Wechsle anschließend die Seiten: Lege die linke Hand unter den rechten Wangenknochen und die rechte Hand unter das rechte Schlüsselbein.

Alternativ lege die rechte Hand so auf deine linke Schulter, dass die Fingerspitzen zwischen der oberen Ecke des Schulterblatts und der Wirbelsäule liegen, und die linke Hand in die linke Leiste.

Wechsle anschließend die Seiten: Lege die linke Hand auf die rechte Schulter und die rechte Hand in die rechte Leiste.

Du kannst auch die rechte Hand auf die linke Schulter legen und die linke Hand auf die rechte Seite der Brust.

Wechsle anschließend wieder die Seiten: Lege die linke Hand auf die rechte Schulter und die rechte Hand auf die linke Seite der Brust.

Hautprobleme

Hautprobleme wie Pickel, unreine Haut oder Hautallergien haben unterschiedliche Ursachen. Harmonisiere dich insgesamt, indem du einfach der Reihe nach deine Finger hältst.

Halte auch immer wieder die Innenseite deiner Knie.

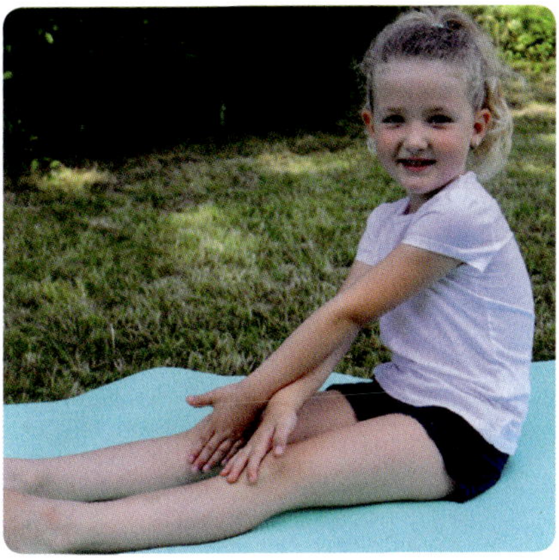

Alternativ lege die rechte Hand auf die linke Bauchseite unterhalb des letzten Rippenbogens und die linke Hand auf die rechte Seite der Brust.

Wechsle anschließend die Seiten: Lege die linke Hand auf die rechte Seite des Bauchs und die rechte Hand auf die linke Seite der Brust.

Die Wade ist die Hautspezialistin. Halte auch immer wieder deine Waden.

Zugehöriger Finger: Daumen

Husten

Um den Husten zu lindern, lege beide Hände auf deinen Brustkorb.

Alternativ lege eine Hand auf die Stirn und die andere Hand in den Nacken.

Du kannst auch die rechte Hand auf deine linke Bauchseite legen und die linke Hand unter das linke Schlüsselbein.

Wechsle anschließend die Seiten: Lege die linke Hand auf die rechte Bauchseite und die rechte Hand unter das rechte Schlüsselbein.

Zugehöriger Finger: Ringfinger

Insektenstiche

Bei Insektenstichen lege deine linke Hand auf den Stich und die rechte Hand auf deine linke Hand.

Die rechte Hand auf der linken Hand hilft, Eiter und Insektengift aus dem Körper zu ziehen. Wenn du mit deinen Freunden zusammen bist, könnt ihr auch einen „Händeberg“ bilden: Dann legt der erste Freund seine linke Hand auf deine rechte Hand und seine rechte Hand auf seine linke Hand und die anderen Freunde machen es genauso.

Knochenbrüche

Bei einem Knochenbruch muss man natürlich zum Arzt, der den Bruch schient oder eingipst. Du kannst den Heilungsprozess unterstützen, indem du deine Hände in die Leisten legst.

Kopfschmerzen

Um Kopfschmerzen zu lindern, kannst du die Innenseiten deiner Knie über Kreuz halten.

Alternativ kannst du deine Fersen halten, indem du entweder mit einer Hand die Innenseite und mit der anderen Hand die Außenseite der Ferse oder mit einer Hand gleichzeitig die Außenseite und die Innenseite der Ferse hältst. (Dann kannst du beide Fersen auf einmal halten – oder halten lassen.) Das Fersenhalten ist der sogenannte Strömschmerzgriff.

Migräne

Einige Kinder und Jugendliche leiden unter Migräne oder werden von starken Kopfschmerzen geplagt, die oft mit Schwindel und Übelkeit einhergehen.

Du kannst die Strömgriffe anwenden, die im Abschnitt „Kopfschmerzen" beschrieben sind.

Alternativ halte schon beim ersten Anzeichen einer Migräne deine großen Zehen – oder lasse sie dir halten.

Nasenverstopfung oder Nasenbluten

Wenn deine Nase verstopft ist, lege eine Hand unter den Wangenknochen auf der betroffenen Körperseite und die andere Hand unter das Schlüsselbein auf der gleichen Seite.

Alternativ lege eine Hand in den Nacken und die andere Hand unter den Wangenknochen auf der betroffenen Seite. Dies ist auch ein guter Strömgriff bei Nasenbluten.

Du kannst auch bei einer verstopften Nase für die linke Seite die rechte Hand auf die linke Schulter legen, sodass die Fingerspitzen zwischen der oberen Ecke des Schulterblatts und der Wirbelsäule liegen. Halte gleichzeitig mit den Fingern der linken Hand deinen linken Daumenballen, indem du eine lockere Faust machst.

Für die rechte Seite lege die linke Hand auf die rechte Schulter, sodass die Fingerspitzen zwischen der oberen Ecke des Schulterblatts und der Wirbelsäule liegen. Halte gleichzeitig mit den Fingern der rechten Hand deinen rechten Daumenballen, indem du eine lockere Faust machst.

Ohrenschmerzen

Um Ohrenschmerzen zu lindern, lege eine Hand auf die Stirn und die andere Hand in den Nacken.

Alternativ lege für das rechte Ohr die linke Hand auf die rechte Seite der Brust und die rechte Hand auf die linke Schulter.

Wechsle anschließend die Seiten: Lege für das linke Ohr die rechte Hand auf die linke Seite der Brust und die linke Hand auf die rechte Schulter.

Zugehöriger Finger: kleiner Finger

Rückenprobleme

Da wir oft viele Stunden am Tag im Sitzen verbringen, sei es in der Schule, am Schreibtisch oder vor dem Computer, haben viele Menschen Rückenprobleme. Deswegen ist es sehr wichtig, sich zu bewegen und Sport zu treiben. Um deinen Rücken durch Strömen zu stärken, praktiziere immer wieder den Zentralstrom.

Alternativ lege eine Hand in den Nacken und die andere Hand an das Steißbein.

Lege deine Hände immer wieder auf den unteren Rücken, direkt oberhalb der Hüftknochen.

Alternativ kannst du deine Hände in die Leisten legen.

Zugehöriger Finger: Zeigefinger

Schmerzen

Es gibt viele unterschiedliche Arten von Schmerzen. Einige davon sind im Buch einzeln aufgelistet (z. B. Bauchschmerzen, Kopfschmerzen, Zahnschmerzen). Bei allen Arten von Schmerzen kannst du den sogenannten Strömschmerzgriff anwenden. Halte dazu einfach die Innen- und Außenseiten deiner Fersen. Du kannst entweder zuerst eine Ferse und dann die andere …

… oder beide Fersen gleichzeitig halten.

Ein weiterer hilfreicher Griff besteht darin, deine Fingerspitzen jeweils über den Augenbrauen auf die Stirn zu legen.

Alternativ kannst du auch die Innenseiten deiner Knie halten.

Zugehöriger Finger: Zeigefinger

Schnupfen

Bei Schnupfen lege deine Finger links und rechts neben die Nase unterhalb der Wangenknochen.

Alternativ lege die rechte Hand so auf deine linke Schulter, dass die Fingerspitzen zwischen der oberen Ecke des Schulterblatts und der Wirbelsäule liegen, und die linke Hand in die linke Leiste.

Wechsle anschließend die Seiten: Lege die linke Hand auf die rechte Schulter und die rechte Hand in die rechte Leiste.

Du kannst auch die rechte Hand unter deinen rechten Wangenknochen legen und die linke Hand auf die linke Seite des Nackens direkt unterhalb des Schädelknochens.

Wechsle anschließend wieder die Seiten: Lege die linke Hand unter den linken Wangenknochen und die rechte Hand auf die rechte Seite des Nackens unterhalb des Schädelknochens.

Schwindel

Bei Schwindel kannst du dir selbst helfen, indem du eine Hand in den Nacken legst und die andere Hand auf die Stirn.

Du kannst auch dein Handgelenk halten …

… oder deine Hände auf den unteren Rücken oberhalb der Hüftknochen legen.

Sonnenbrand

Sonnenbrand kannst du lindern, indem du deine Waden hältst.

Übelkeit

Bei Übelkeit lege deine Hände auf deinen Bauch unterhalb der letzten Rippenbögen …

… oder halte die Innenseiten deiner Knie.

Alternativ lege die rechte Hand unter den linken Wangenknochen und die linke Hand unter das linke Schlüsselbein.

Wechsle anschließend die Seiten: Lege die linke Hand unter den rechten Wangenknochen und die rechte Hand unter das rechte Schlüsselbein.

Zugehöriger Finger: Daumen

Verbrennungen

Um Verbrennungen zu lindern, lege beide Hände nebeneinander auf die betroffene Stelle. Wenn eine direkte Berührung mit der Haut schmerzt, halte einfach ein paar Millimeter Abstand, sodass etwas Luft zwischen den Händen und der Haut ist.

Wenn du dich an der Hand verbrannt hast, lege die Handfläche der anderen Hand leicht auf oder über die betroffene Stelle.

Alternativ kannst du auch deine Waden halten.

Verschlucken

Wenn du dich verschluckt hast, halte die Innenseiten deiner Knie …

… oder die Innenseiten der Oberschenkel. Du kannst die Hände dabei überkreuzen oder auch nicht, je nachdem, was bequemer für dich ist.

Verstauchung

Wenn du dir den Knöchel verstaucht hast, halte das gegenüberliegende Handgelenk.

Alternativ lege eine Hand auf die betroffene Stelle und die andere Hand in die Leiste auf der gleichen Körperseite.

Verstopfung

Wenn du Schwierigkeiten mit dem Stuhlgang hast, er zu hart ist und du dich damit quälst, halte die Innenseiten deiner Knie. Das kannst du auch direkt auf der Toilette tun.

Zugehöriger Finger: kleiner Finger

Völlegefühl

Wenn du nach dem Essen ein unangenehmes Völlegefühl hast oder du dich „übergessen“ hast, halte die Innenseiten deiner Oberschenkel.

Zugehöriger Finger: Daumen

Zahnschmerzen

Wenn du Zahnschmerzen hast, kannst du in der Zeit, bis du einen Termin beim Zahnarzt bekommst, die Schmerzen lindern, indem du folgende Punkte hältst.

Bei Zahnschmerzen auf der linken Seite lege deine rechte Hand unter den linken Wangenknochen und die linke Hand unter das linke Schlüsselbein.

Alternativ halte mit der rechten Hand deine rechte Ferse und mit der linken Hand deine rechte Wade. (Diesen Griff hält man auf der dem Schmerz gegenüberliegenden Körperseite.)

Bei Zahnschmerzen auf der rechten Seite lege entweder die linke Hand unter den rechten Wangenknochen und die rechte Hand unter das rechte Schlüsselbein oder die linke Hand an die linke Ferse und die rechte Hand an die linke Wade.

Zugehöriger Finger: Zeigefinger

Der Zeigefinger ist der perfekte Finger auch für den Zahnarztstuhl, denn er löst Angst UND Schmerzen.

Hilfe für die Schule von A bis Z

Anfänge

Neuanfänge wie beispielsweise eine neue Klasse oder eine neue Schule sind meist aufregend und oft machen sie uns auch ängstlich oder unsicher. Durch das Strömen kannst du in der Ruhe bleiben und dem Neuen gelassen entgegensehen.

Lege deine linke Hand in den Nacken unter die Schädelknochen und die rechte Hand auf die Mitte des Brustbeins.

Alternativ lege eine Hand auf das Brustbein und die andere Hand an das Steißbein.

Zugehöriger Finger: Zeigefinger

Ängste vor Prüfungen

Wie du schon weißt, kannst du bei Ängsten immer deinen Zeigefinger halten. Wenn du – beispielsweise während einer Prüfung – nur eine Hand frei hast, bilde einfach mit der freien Hand einen Ring zwischen Daumen und Zeigefinger, indem du deinen Daumen auf den Zeigefingernagel legst.

Alternativ lege eine Hand in den Nacken und die andere Hand an das Steißbein.

Du kannst die Hände auch über Kreuz unter die Schlüsselbeine legen.

Zugehöriger Finger: Zeigefinger

Ärger mit Lehrern oder Mitschülern

Was kannst du tun, wenn du dich ärgerst? Den Ärger einfach hinunterschlucken ist nicht gesund und hilft dir auch wenig. Schreien und den Ärger an anderen Menschen auslassen ist auch keine Lösung. Was tun? Strömen verändert deinen Ärger. Es hilft dir, ruhig und klar zu reagieren und dennoch deine Meinung zu äußern und für das, was dir wichtig ist, einzustehen.

Sobald du dich ärgerst, kannst du deinen Mittelfinger halten oder einen Ring aus Daumen und Mittelfinger bilden, indem du den Daumen auf den Nagel des Mittelfingers legst.

Alternativ kannst du deine Ellenbeugen halten.

Konzentrationsprobleme/Lernen

Wenn es dir schwerfällt, dich zu konzentrieren und dir das, was du lernen musst, zu merken, setze dich einfach auf deine Hände. Es klingt so einfach, aber probiere es einmal aus, direkt im Unterricht, wenn du nur zuhören und nicht mitschreiben musst. Du wirst sehen, dass du dir das, was der Lehrer oder die Lehrerin erzählt, besser merken kannst. Auch beim Lernen zu Hause kannst du dich auf deine Hände setzen oder, wenn du nur eine Hand frei hast, sie unter den Sitzhöcker legen.

Lege immer wieder einmal – zum Beispiel abends vor dem Einschlafen – eine Hand auf die Stirn und die andere Hand in den Nacken unterhalb der Schädelknochen.

Legasthenie

Einige Kinder haben eine Lese- und Rechtschreibschwäche, die oft angeboren ist. Das bedeutet, dass es irgendwo im Körper eine Blockade gibt, die eine Legasthenie zur Folge hat. Indem du dich strömst und deine Körperenergie harmonisierst, kannst du auch auf diese Blockade einwirken und die Energie in Fluss bringen. Dazu lege die rechte Hand unter den rechten Wangenknochen und die linke Hand in den Nacken unterhalb des linken Schädelknochens.

Wechsle anschließend die Seiten: Lege die linke Hand unter den linken Wangenknochen und die rechte Hand in den Nacken unterhalb des rechten Schädelknochens.

Alternativ lege eine Hand in den Nacken und die andere Hand auf die Stirn.

Vergiss auch nicht, den regelmäßigen Batteriecheck zu machen, indem du deine Finger hältst, die 36 bewussten Atemzüge machst oder den Zentralstrom praktizierst.

Logisches Denken

Zur Förderung des logischen Denkens, gerade auch was Lesen, Schreiben und Rechnen betrifft, lege eine Hand auf die Stirn und die andere Hand in den Nacken direkt unterhalb der Schädelknochen.

Stottern und andere Sprachprobleme

Der folgende Griff kann dir bei Stottern und anderen Sprachproblemen helfen.

Lege deine rechte Hand unter den linken Wangenknochen und die linke Hand unter das linke Schlüsselbein.

Wechsle anschließend die Seiten: Lege die linke Hand unter den rechten Wangenknochen und die rechte Hand unter das rechte Schlüsselbein.

Alternativ kannst du auch die Hände in den Nacken unterhalb der Schädelknochen legen.

Du kannst auch eine Hand so auf die Schulter legen, dass sich die Fingerspitzen zwischen der oberen Ecke des Schulterblatts und der Wirbelsäule befinden, und die andere Hand in die Leiste.

Zugehöriger Finger: Daumen

Überaktivität – Unruhe

Wenn es dir schwerfällt, dich zu konzentrieren und ruhig sitzen zu bleiben oder dich längere Zeit mit einem Thema zu beschäftigen, halte immer wieder dein Handgelenk …

… oder deinen Daumenballen.

Du kannst auch eine Hand auf die Schulter legen und die andere Hand in die Leiste, erst auf der einen, dann auf der anderen Körperseite.

Zugehöriger Finger: kleiner Finger

Register/Stichwortverzeichnis

Albträume 38
Allergien 58, 78
Ängste 35, 39, 111
Anstrengung 22, 27, 28
Ärger 22, 26, 41, 113
Asthma 60
Atmung 22, 27, 60
Aufregung 22, 24, 110
Augen 26, 62
Augenentzündung 62

Bauchschmerzen 64, 93
Bemühung 22
Bettnässen 42
Blähungen 27
Blutungen 67

Daumenlutschen 68
Depressionen 35
Durchfall 69

Eifersucht 44
Einsamkeit 24
Einschlafen 28, 38, 71
Entspannen 22
Erkältung 72
Erschöpfung 15, 35

Fieber 74
Fingerhalten 22
Freude 27, 28
Frieren 75

Genervt sein 26
Gerstenkorn 63

Halsschmerzen 24, 76
Hautallergien 78
Hautprobleme 78
Husten 81

Ich selbst sein 28
Insektenstiche 83

Jammern 27
Jiro Murai 12

Knie 26
Knochenbrüche 84
Konzentrationsprobleme 15, 114
Kopfschmerzen 85, 86, 93

Legasthenie 115
Lernen 114
Liebeskummer 45
Logisches Denken 117
Loslassen 22

Mary Burmeister 13, 20
Migräne 86, 93
Mut 25

Nasenbluten 87
Nasenverstopfung 87, 95
Neid 44
Neuanfänge 110

Ohrendruck 28, 89
Ohrenschmerzen 28, 89

Perfektionsanspruch 28

Rachegefühle 46
Rückenprobleme 25, 90

Schielen 62
Schlafen 28, 38, 71
Schmerzen 93
Schnupfen 95
Schock 47
Schrecken 47
Schüchternheit 24
Schwäche 35
Schwindel 86, 97
Sehen 26, 62
Sehschwäche 62
Selbstvertrauen 35
Sonnenbrand 98
Sorge 22, 24, 49
Sprachprobleme 118
Stimme 27
Stimmungsschwankungen 50
Stottern 118
Stress 20, 24, 28, 51
Sucht 52

Traurigkeit 22, 27, 54

Übelkeit 99
Überaktivität 120
Unruhe 20, 120
Unsicherheit 25
Unzufriedenheit 55

Verbrennung 101
Verdauung 64
Vergesslichkeit 28
Verschlucken 102
Verstauchung 103
Verstopfung 104
Verzweiflung 35, 45, 56
Völlegefühl 105

Weinen 27
Wut 20, 22, 26, 41, 46

Zahnarzt 25
Zähneknirschen 25
Zahnschmerzen 106
Zentralstrom 29

Dank

Ich danke Mary Burmeister und Jiro Murai für die Wiederentdeckung und Weitervermittlung des alten Wissens über Jin Shin Jyutsu sowie den Lehrern, die dieses Wissen weitertragen.

Ich danke allen Kindern, die so begeistert und offen die Übungen praktizieren und mich in den Kursen immer wieder bereichert haben und bereichern.

Ich danke meinen wundervollen Fotomodels Carina, Marla, Hannah und Ramon. Ihr seid spitze! Es war mir eine große Freude, mit euch zu arbeiten!

Informationen

Informationen zu Seminaren und Kursen der Autorin erhältst du unter www.tinastuempfig.de.

JIN SHIN JYUTSU PHYSIO PHILOSOPHIE® ist in den USA urheberrechtlich geschützt und Eigentum der JIN SHIN JYUTSU® INC., Scottsdale, Arizona.

Weitere Titel aus dem Verlag Via Nova:

Jin Shin Jyutsu – Kartenset

Die Kunst des Heilströmens erlernen
56 Karten mit Begleitheft
Tina Stümpfig

Begleitheft, 96 Seiten, ISBN 978-3-86616-510-6

Jin Shin Jyutsu – umgangssprachlich einfach „Strömen" genannt – ist eine jahrtausendealte Lebenskunst zur Harmonisierung der Lebensenergie und Stärkung der Selbstheilungskräfte. Durch einfaches Auflegen der Hände auf bestimmte Energiepunkte am Körper bringen Sie mehr Vitalität, Freude, Leichtigkeit und Gesundheit in Ihr Leben, aktivieren Ihr Immunsystem und laden Ihre „erschöpften Energiebatterien" wieder auf. Die einfachen Strömübungen verbunden mit kraftvollen Affirmationen lassen sich mühelos in den Tag integrieren. Dieses Kartenset ist eine wunderbare Hilfe, um sich im Alltag immer wieder kleine Auszeiten zum Strömen zu nehmen, zu entspannen, neue Kraft und Energie zu schöpfen und sich selbst immer wieder neu auszubalancieren.

Jin Shin Jyutsu – Die Kunst des Heilströmens erlernen

Aktivierung der Selbstheilungskräfte
Tina Stümpfig

3. Auflage

Paperback, 256 Seiten, 201 farbige Fotos und 47 Zeichnungen, ISBN 978-3-86616-254-9

Jin Shin Jyutsu – auch Heilströmen genannt – ist eine uralte und doch hochaktuelle Heil-Kunst zur Harmonisierung der Lebensenergie im Körper. Durch einfaches Auflegen der Hände auf bestimmte Energiepunkte am Körper können Sie Ihre Gesundheit um 100% verbessern. Sie stärken Ihre Selbstheilungskräfte, bringen mehr Vitalität, Freude und Leichtigkeit in Ihr Leben. Ungeahnte Energien können sich freisetzen und helfen Ihnen, Ihr ganzes Potential zu leben. In diesem Buch sind die Grundlagen des Jin Shin Jyutsu einfach, klar und für jeden sofort anwendbar dargestellt und mit vielen Fotos und Abbildungen veranschaulicht, so dass Sie sofort beginnen können: Nehmen Sie Ihre Gesundheit und Ihr Wohlbefinden buchstäblich in die eigenen Hände.

Jin Shin Jyutsu - Mit heilsamen Berührungen deine Selbstheilungskräfte aktivieren

Tina Stümpfig

2. überarbeitete Neuauflage

Klappenbroschur, 192 Seiten, 105 vierfarbige Fotos, 105 Grafiken, 2 Tabellen, ISBN 978-3-86616-489-5

Jeder von uns hat die Fähigkeit, Körper und Seele in eine natürliche Balance zu bringen und selbst für Gesundheit, Lebensfreude und Wohlstand zu sorgen – das lehrt uns Jin Shin Jyutsu (Heilströmen). Eine jahrtausendealte Heilkunst und zugleich ein uraltes intuitives Wissen, das jeder Mensch in sich trägt und aktivieren kann. Alles, was Sie dafür brauchen, sind Ihre Hände, Ihr Atem, ein ausgerichtetes bewusstes Denken, etwas Geduld – und dieses Buch! Sie lernen darin anhand vieler Erklärungen, Fotos und Abbildungen, wie Sie Ihre Energieblockaden lösen können, um wieder natürlich in Fluss zu kommen. Das Besondere an diesem Buch: Alle Übungen sind kombiniert mit kraftvollen Affirmationen, um alte Muster und Glaubenssätze aufzulösen. Laden Sie Gesundheit, Freude und Fülle in Ihr Leben ein!

Jin Shin Jyutsu – in der Schwangerschaft

Zur Vorbereitung der Geburt und für die ersten Wochen mit dem Baby

Tina Stümpfig

Paperback, 192 Seiten, 174 farbige Fotos, ISBN 978-3-86616-287-7

Jin Shin Jyutsu ist eine mittlerweile im Westen bekannte, sehr wirkungsvolle und leicht erlernbare Methode, um Lebensenergien in Harmonie zu bringen und Körper, Seele und Geist zu kräftigen. In diesem Buch werden erstmals die Grundlagen des Heilströmens speziell für werdende Mütter in der Zeit der Schwangerschaft zusammengefasst und anschaulich dargestellt. Ein praktisches, übersichtliches und liebevoll gestaltetes Handbuch, das einfache Möglichkeiten aufzeigt, in dieser entscheidenden Zeit die eigene „Lebensbatterie" aufzuladen, um somit in bester Weise Entwicklung und Wachstum des Kindes zu unterstützen. Die leicht erlernbaren Handgriffe des Heilströmens sind sofort anwendbar und fördern wirksam den natürlichen Zustand der Gesundheit, Freude und Gelassenheit.

Jin Shin Jyutsu – Heilströmen für Babys und Kleinkinder

Tina Stümpfig

Broschur, 192 Seiten, 251 farbige Fotos, 239 Grafiken, ISBN 978-3-86616-464-2

Mit diesem Buch bekommen Sie als Eltern eine wunderbare Möglichkeit an die Hand, um Ihr Kind auf körperlicher, geistiger und seelischer Ebene einfach und wirksam zu unterstützen. Das Heilströmen, auch Jin Shin Jyutsu genannt, ist eine uralte sanfte Heilmethode, die durch das Halten bestimmter Energiepunkte am Körper den gesamten menschlichen Organismus harmonisiert und stärkt. Die mit vielen Bildern dargestellten Anwendungen sind leicht erlernbar und ganz speziell auf die Bedürfnisse von Babys und Kleinkindern abgestimmt, ob schnelle Hilfe bei akuten Krankheiten, vorbeugend zur Stärkung des Immunsystems oder begleitend zu anderen Therapien und Behandlungen. Ein wunderbarer Weg, Gesundheit und Wohlergehen Ihres Kindes von Anfang an liebevoll zu fördern und in die eigenen Hände zu nehmen.

Jin Shin Jyutsu – Das Powerprogramm für Kinder und Jugendliche

Leistungsfähigkeit, Ausdauer, Konzentration, Gelassenheit

Tina Stümpfig

Paperback, 160 Seiten, 64 farbige Fotos, 37 Grafiken, 2 Tabellen, ISBN 978-3-86616-201-3

In diesem Buch finden Kinder und Jugendliche viele einfache, aber kraftvolle Möglichkeiten, wie sie sich selbst unterstützen können, gesund, mutig, freudvoll und angstfrei zu leben, ihren Lebenssinn zu finden und ihr Potential auszudrücken. Jin Shin Jyutsu ist eine uralte Heilmethode, die Harmonie in Körper, Geist und Seele bringt. Durch einfaches Auflegen der Hände auf bestimmte Punkte am Körper beginnt die Lebensenergie wieder ungehindert zu fließen, die Selbstheilungskräfte werden aktiviert, Ängste verschwinden, Wut und Trauer wandeln sich, Stress wird abgebaut. Konzentration und Leistungsfähigkeit werden gesteigert, und es entstehen Freude, Mut, Kraft und das Vertrauen ins Leben und zu sich selbst. Alle Übungen sind mit vielen Fotos und Abbildungen veranschaulicht und einfach und ohne Vorkenntnisse anwendbar.

Jin Shin Jyutsu – Heilbehandlung bei Tieren
Tina Stümpfig

Paperback, 160 Seiten, 175 farb.Fotos, 189 Grafiken, ISBN 978-3-86616-325-6

Jin Shin Jyutsu, oft auch „Strömen" oder „Heilströmen" genannt, ist eine einfache, sehr wirkungsvolle Möglichkeit, sowohl bei Menschen als auch bei Tieren die Lebensenergie wieder in Harmonie zu bringen, die Selbstheilungskräfte zu stärken und einen umfassenden Heilungsprozess in Gang zu setzen. Mit diesen Techniken können Sie Ihre Tiere seelisch, körperlich und geistig wieder ausbalancieren, Blockaden lösen und Krankheitssymptome zum Verschwinden bringen. Das Buch vermittelt heilende Grundgriffe sowie spezielle, schnell anwendbare Griffe für bestimmte Notfälle – allesamt ganz leicht zu erlernen. Anschauliche Abbildungen, eine Vielzahl von Grafiken und klar gefasste Texte führen Sie praktisch und mühelos ein in die wunderbare Kunst des Jin Shin Jyutsu für Tiere.

Lebensquell Jin Shin Jyutsu
Ein Gesundheitsprogramm für mehr Wohlbefinden und Vitalität
Tina Stümpfig

Paperback, 184 Seiten, 186 farbige Fotos, ISBN 978-3-86616-177-1

Mit diesem Buch haben Sie ein wunderbares Werkzeug, positiv und heilend auf Körper, Geist und Seele einzuwirken. Indem Sie Ihre Hände auf bestimmte Energiepunkte Ihres Körpers legen, stärken Sie Ihre Selbstheilungskräfte und fördern Ihre Gesundheit und Ihr Wohlbefinden in allen Lebensbereichen. Jin Shin Jyutsu bringt Harmonie in Körper, Geist und Seele zurück, fördert die Regeneration und Erneuerung der Zellen, verlangsamt den Alterungsprozess und erfüllt Sie mit neuer Kraft und Lebensenergie. Die Übungen sind mit vielen Fotos veranschaulicht, klar beschrieben und ohne Vorkenntnisse einfach auszuführen. Die Themen und Symptome sind übersichtlich alphabetisch geordnet.

Gelassenheit ist der Schlüssel zum inneren Frieden
Kraftgebende Impulse für jeden Tag
Urs-Beat Fringeli

Hardcover, 384 Seiten, ISBN 978-3-86616-485-7

Kennen Sie das Geheimnis von Glück, Gelassenheit und innerem Frieden? Das Geheimnis ist, dass es kein Geheimnis gibt! Urs-Beat Fringeli hat schon viele Bücher geschrieben und jahrzehntelang Glücksforschung betrieben, seine Botschaft ist einfach und deshalb so real: Glück und Gelassenheit sind keine Zufallsprodukte des Lebens, sondern Entscheidungen, die wir treffen. Und dieses Buch zeigt Ihnen, wie es gelingt. Jeden Tag aufs Neue können Sie Ihr Leben in die Hand nehmen und sich entscheiden – für die positiven Seiten des Lebens, Freude, Gelassenheit und Glück. Wunderbare Herzensinspirationen, zeitlose Betrachtungen und Weisheiten navigieren Sie auf Ihrem Weg zu einem erfüllten Dasein. Das Leben will Sie beschenken – beschenken auch Sie sich: mit diesem einmaligen Lebensfreudebuch!

Empathie – Ich fühle, was du fühlst

Bin ich ein Empath? So lerne ich meine empathischen Fähigkeiten anzunehmen und in Balance zu leben

Dr. Stephanie Red Feather

Klappenbroschur, 320 Seiten, ISBN 978-3-86616-484-0
E-Book: 978-3-86616-494-9

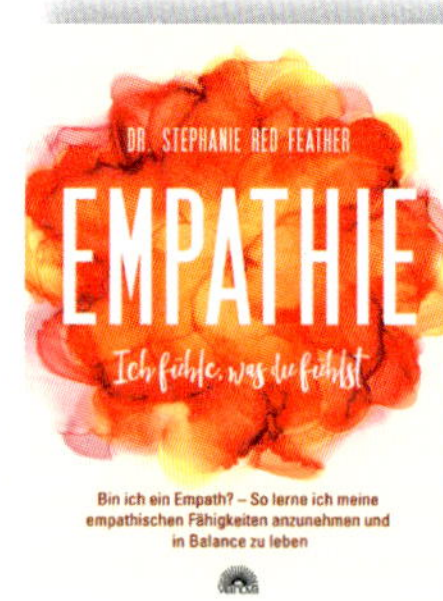

Kennen Sie das? Oft werden Sie von dem, was Sie wahrnehmen, spüren, empfinden und fühlen, vollkommen überwältigt. Und manchmal wissen Sie nicht, ob Sie sich selbst oder andere Menschen fühlen. Wenn Ihnen das vertraut vorkommt, sind Sie wahrscheinlich ein Empath! Extrem sensibel und empfänglich für subtile Energien, Emotionen und Schwingungen. Die Schamanin und Empathin Stephanie Red Feather hat ein halbes Leben gebraucht, um dieses Phänomen bei sich zu erforschen und herauszufinden, welch riesiges Potenzial Empathen in sich tragen. Daraus ist dieses Buch entstanden. Ein grandioser Leitfaden mit wertvollem Wissen sowie vielen Techniken und praktischen Übungen, die Empathen befähigen, in ihre Kraft und Mitte zu kommen und bewusst ihre Gaben und Herzqualitäten für sich und andere einzusetzen.

Kinder fördern mit Denkanstößen

Mutmachende Impulse

Sabina Pilguj

Klappenbroschur, 224 Seiten, ISBN 978-3-86616-512-0

Dieses Buch ist eine kleine Schatztruhe für Kinder, gefüllt mit wertvollen Botschaften. Die kurzen Gedankenimpulse sind zum Vorlesen oder Selberlesen geeignet. Viele Kinder erleben täglich Situationen, die sie verunsichern oder ihnen Stress verursachen. Dies kann zu Selbstzweifeln, Ängsten und psychosomatischen Beschwerden führen. Die einzelnen Mutmachimpulse sprechen Kinder zwischen vier und dreizehn Jahren direkt an, fördern ihr Selbstbewusstsein und ihre emotionale Stärke, Selbstachtsamkeit und soziale Integration. Alltägliche Themen, die Kinder bewegen, wie etwa ein wertschätzendes Miteinander, Sensibilität und Empathie, aber auch Mobbing und Stress durch besondere Herausforderungen werden aufgegriffen. Die Botschaften vermitteln kindgemäß soziale Werte, eine optimistische Lebenssicht, Vertrauen, Zuversicht und Liebe, die es den Kindern ermöglichen, das Leben mit Mut, Tatkraft, Selbstvertrauen, Freude und mehr Leichtigkeit zu genießen und ihre Potenziale zu entfalten.

Gelassen leben mit Hochsensibilität

Selbstbewusst abgrenzen im Alltag, Zeit für mehr innere Ruhe

Sylvia Harke

Klappenbroschur, 144 Seiten, ISBN 978-3-86616-468-0

Durch mangelnde Selbstannahme, hohe berufliche und familiäre Anforderungen verlieren viele Hochsensible leicht die eigenen Bedürfnisse aus den Augen. Mit diesem Praxisbuch erhalten hochsensible, hochsensitive und empathische Menschen eine Fülle von praktischen Übungen und heilsamen Ritualen, die ihnen helfen, ihren eigenen Standpunkt im Leben zu finden. Die Bestsellerautorin und Psychologin Sylvia Harke vermittelt praxiserprobte Methoden, um das Selbstvertrauen und die Ich-Kraft zu stärken. Die Leser lernen, mit Stress besser umzugehen, sich abzugrenzen und die eigene Feinfühligkeit als wertvolles Talent zu entdecken. Ein großartiges, mit Liebe gestaltetes, Selbsthilfebuch, das als kreativer Alltagsbegleiter allen feinfühligen Wesen den Weg in ein selbstbestimmtes und befreites Leben bereiten kann.